Little Red Riding-Hood

Caperucita Roja

Codeswitch castellano english
Texto bilingüe

Libro 3

Geoff Willis

Copyright © 2023 Geoff Willis

All rights reserved.

No portion of this book, including illustrations, may be reproduced, copied, distributed or adapted in any way, with the exception of certain activities permitted by applicable copyright laws.

Illustrations created by Wafflecaramel, illustrations are the property of Geoff Willis, and subject to copyright.

Reservados todos los derechos

Ninguna parte de este libro, incluidas las ilustraciones, puede reproducirse, copiarse, distribuirse o adaptarse de ninguna manera, con la excepción de ciertas actividades permitidas por las leyes de derechos de autor aplicables.

Ilustraciones creadas por Wafflecaramel, las ilustraciones son propiedad de Geoff Willis y están sujetas a derechos de autor.

Geoff Willis has asserted his right under the Copyright, Designs and Patents Act, 1988, to be identified as the author of this work.

ISBN: 978-1-916738-05-8

Dedicated to Charles

a very old friend

Ilustración de portada y frontispicio de Wafflecaramel

ÍNDICE

A Introducción   1

B Caperucita Roja - Castellano   6

C Little Red Riding-Hood – Spanish to English   11

D Notas Finales   35

E Un poco de gramática – Verbos auxiliares   36

F Palabras - Ordenado por Sección   51

G Palabras - Orden Alfabético   56

Little Red Riding-Hood

A
Introducción

A.1 Objetivo

Este libro es el tercero de una serie de libros de lectura en inglés.

Han sido diseñados para mejorar rápidamente tu capacidad de leer en inglés, y que puedas leer textos básicos sin necesidad de usar un diccionario o un libro de gramática.

Los libros *Codeswitch* están diseñados para ser leídos en orden. Este libro está pensado para quienes han leído y comprendido, al menos en lo esencial, el libro 2, *The Three Little Pigs*.

Aprender un nuevo idioma es difícil por dos razones. En primer lugar, la gramática del nuevo idioma es diferente a la de tu propio idioma. En segundo lugar, porque necesitas aprender muchas palabras nuevas.

Los libros *Codeswitch* facilitan el aprendizaje del inglés al copiar cómo los niños aprenden sus propios idiomas.

La historia de este libro usa gramática inglesa completa desde la primera oración, pero el vocabulario comienza casi completamente en castellano.

Luego, se introducen unas pocas palabras en inglés a la vez, de modo que estas nuevas palabras puedan entenderse fácilmente en el contexto de las palabras circundantes en castellano.

De esta forma, tanto la gramática como el vocabulario del inglés se pueden aprender de manera intuitiva; absorbido por ósmosis. Para introducir las nuevas palabras lentamente, las historias se repiten varias veces. Esto también permite la repetición de palabras que sólo se usan una vez en la historia.

A.2 Antecedentes

He llamado a estos libros *Codeswitch* Castellano *English* por un tipo de lenguaje común que se encuentra entre los hablantes bilingües. En *Codeswitch*, «*code*» se usa para significar «idioma», y «*switch*» significa cambiar repentinamente. Entonces, un lenguaje *Codeswitch* es aquel en el que las personas intercambian rápidamente dos idiomas diferentes.

Este libro comienza como un lenguaje *Codeswitch*. Comienza con gramática inglesa y palabras en castellano yte permite cambiar lentamente y, con suerte, sin dolor, del castellano al inglés.

A.3 Estructura

La sección B de este libro es una traducción completa al castellano de *Caperucita roja*. Puedes leerla primero si no recuerdas la historia. También puedes usar esta versión para comparar la gramática inglesa de la sección C con la gramática del castellano.

Para introducir todas las palabras necesarias en inglés, unas pocas a la vez, la sección C tiene seis versiones mixtas en castellano/inglés. El nivel C.5, que es el último, está escrito en inglés.

Al final del libro he enumerado todo el vocabulario dos veces. Primero, en el orden en que se introducen las palabras, y después, en el orden alfabético de las palabras en inglés.

Las listas de palabras no pretenden ser diccionarios adecuados. Normalmente sólo coloco una traducción simple al castellano. A veces, he intentado capturar palabras con alternativas comunes, especialmente cuando se usa un significado secundario en la historia.

Lo más importante que debes recordar al leer este libro es que todas las historias, desde la primera palabra de la sección C.1, están escritas en gramática inglesa. Esto es cierto y especialmente confuso con el nivel C.1 de este libro, donde muchas de las palabras son en castellano.

A.4 Cómo usar este libro

Cada una de las historias contadas en estos libros se divide en secciones de aproximadamente doscientas palabras cada una.

En cada sección se introduce un promedio de unas cinco palabras nuevas en inglés. El número real de palabras varía, a veces se introducen hasta doce palabras, pero otras veces no se introduce ninguna palabra nueva.

La mejor manera de leer estos libros es mantener la lectura a un nivel cómodo y agradable, repitiendo la lectura.

Entonces, comienza desde el principio y empieza a leer el nivel C.1.01 de este libro. Mientras puedas entender fácilmente la historia, continúa leyendo.

Sigue leyendo hasta que haya demasiadas palabras nuevas y tengas dificultades para comprender lo que sucede en la historia.

Tan pronto como se torne un poco difícil, vuelve a un nivel más fácil.

Te recomiendo retroceder mucho, al menos seis tramos, aunque lo ideal sería retroceder uno o dos niveles. De modo que, si estás a la mitad del nivel C.3 y las cosas se ponen difíciles, regresa al comienzo del nivel C.2 de ese libro.

Si te resulta difícil leer este libro y estás tratando de solucionar las cosas, entonces ya no estás aprendiendo inglés como lo hace un niño.

En este punto, es mejor volver a un lugar del libro donde la lectura sea muy fácil y seguir adelante. Cada vez que hagas esto, verás que avanzas más antes de que el libro se vuelva difícil nuevamente.

A.5 Un poco de Gramática

En comparación con la mayoría de los idiomas, el inglés tiene una gramática muy simple, generalmente más simple que la del castellano.

Además, la gramática del inglés y la del castellano son muy similares.

He incluido un poco de gramática en la sección E de cada uno de estos libros. Sin embargo, esto se limita principalmente a áreas donde el inglés es significativamente diferente al castellano.

El libro 1 trataba de sustantivos, el libro 2 analizaba los verbos estándar, este libro 3 analiza los verbos auxiliares, mientras que el libro 4 analiza los verbos compuestos.

Estas secciones de gramática no son esenciales, si lo prefieres, puedes pasar directamente al libro 4 después de leer la sección D.

A.5.1 Palabras confusas

Las palabras de la tabla A.5.1 a continuación tienen la misma ortografía en castellano y en inglés, pero tienen significados diferentes.

Little Red Riding-Hood

En este libro sólo se usan las versiones en inglés, nunca se usan las del castellano.

Tabla A.5.1			
Palabra en los libros	Pronunciación inglesa	En las historias, significa	En las historias, nunca significa
a	a /ə/	un, uno, una	en una dirección
alas	alás /əlás/	¡ay! ¡caramba!	extremidad de un pájaro
come	cum /kəm/	venga, viene	consumir comida
has	has (con «h» no silente)	tiene / ha	segunda persona presente de hacer
he	hii (con «h» no silente)	él	primera persona presente de hacer
once	hü-uns (con «h» silente)	una vez	11
pan	pan	sartén	un bocadillo
use	ius	presente de usar	subjuntivo de usar
vine	vain	vid, planta trepadora, planta enredadera	pretérito perfecto de venir

En los libros 1 y 2 las palabras en castellano se escribían en cursiva. Ten en cuenta que, en los libros 3, 4 y 5, tanto las palabras en inglés como en castellano están escritas en fuente estándar.

A.5.2 Palabras con apóstrofos

Las palabras en inglés a veces tienen apóstrofos.

En ocasiones esto se debe a que las palabras están contraídas y otras a que son posesivas.

Ambos ejemplos del uso del apóstrofo introducido en este libro se muestran en la tabla A.7.2 a continuación:

Tabla A.5.2		
Contracción	Forma completa	Significado en este libro
grandmother's	posesivo 1.E.3	de la abuela
he's	he is	él es

B

Caperucita Roja - Castellano

B.01

Había una vez una niña cuyo padre y madre la amaban tanto que pensaban que nada era demasiado bueno para ella. Su madre le hizo bonitos vestidos; sus medias eran de hilo fino y sus zapatos tenían hebillas brillantes. Su madre también le hizo una pequeña capa y una capucha de tela roja, y la niña se veía tan bonita con ellos que la gente la llamaba Caperucita Roja.

Caperucita roja tenía una abuela que era tan mayor que a veces estaba demasiado débil para levantarse y tenía que estar en la cama todo el día.

Un día la madre llamó a la niña y le dijo: "Hija mía, he puesto huevos frescos, una barra de pan y un poco de mantequilla en esta canasta. Cógelo y llévaselo a tu abuela. Corre rápido y no holgazanees, ni te detengas a hablar con nadie en el camino, porque quiero que regreses antes de que caiga la tarde ".

"Sí mamá", dijo la niña, y tomó el canasto en la mano y se dirigió a la casa de su abuela.

B.02

Al principio, corrió rápidamente y no se detuvo por nada. Sin embargo, los campos estaban llenos de hermosas flores.

"Estoy segura", pensó Caperucita Roja, "que a mi abuela le encantaría tener un montón de margaritas y ranúnculos". Comenzó a escoger uno aquí y otro allá hasta que tuvo un buen puñado.

Poco tiempo después, escuchó pasos a lo largo del camino y un viejo lobo gris pasó caminando.

"Buenos días, Caperucita Roja," dijo el lobo.

"Buenos días", respondió la niña.

"¿Y adónde vas en este hermoso día brillante, con tu canasta en el brazo?"

"Oh, me voy a la casa de mi abuela. Es tan mayor que a veces se acuesta en la cama y no puede levantarse. Le llevaré unos huevos frescos, un poco de pan y un poco de mantequilla".

"¿Y dónde vive tu abuela?"

"Vive más allá del bosque en una casita blanca con techo de paja y persianas verdes, y este camino va directo allí".

El lobo había aprendido todo lo que necesitaba saber. Se despidió de Caperucita Roja y se alejó al trote rápidamente.

B.03

Tan pronto como llegó al bosque, donde Caperucita Roja no podía verlo, echó a correr. Corrió una y otra vez, tan rápido como pudo, porque estaba ansioso por llegar a la casita blanca con el techo de paja y las persianas verdes antes que Caperucita Roja.

En las profundidades del bosque, un leñador estaba ocupado con su trabajo. Vio al lobo pasar apresuradamente y se preguntó qué estaría haciendo.

"Está tramando alguna travesura u otra, eso es seguro", dijo el leñador. Así que se puso el hacha en el hombro y siguió al lobo para ver qué iba a hacer.

El lobo siguió adelante, y después de un rato llegó al borde del bosque, y allí estaba la casita blanca con techo de paja y persianas verdes, y el camino conducía directamente a la puerta, así que el lobo supo que debía ser donde vivía la abuela.

Se detuvo y miró a su alrededor, porque no quería que nadie lo mirara. Sin embargo, no vio a nadie porque el leñador se había escondido detrás de unos árboles.

Entonces el lobo llamó a la puerta, toc, toc.

B.04

Nadie respondió, así que volvió a llamar, toc, toc. Nadie respondió, y no hubo movimiento en la casa, aunque el lobo escuchó con mucha atención.

El lobo empujó la puerta, se abrió y él entró.

Miró a su alrededor y no había nadie allí, porque la abuela se había sentido más fuerte ese día, así que se vistió y salió a ver a una vecina.

El lobo buscó hasta que encontró la ropa de cama de la abuela; luego se los puso sobre su gran cuerpo peludo. Se ató una gran gorra con volantes y se puso las gafas de la abuela en la nariz, luego se metió en la cama y se subió las sábanas bajo la barbilla.

Afuera, el leñador se preguntaba qué estaría haciendo el lobo en la casa, pero no escuchó ningún sonido, por lo que se sentó a mirar y ver qué pasaba a continuación, y como estaba muy cansado, se quedó profundamente dormido.

No pasó mucho tiempo antes de que Caperucita Roja llegara corriendo. Tenía mucha prisa, porque había pasado mucho tiempo recogiendo flores. Sin embargo, el leñador no la vio porque estaba profundamente dormido.

B.05

La niña corrió hacia la puerta y la tocó, toc-toc.

Entonces el lobo hizo que su voz fuera muy débil y débil como la de la abuela.

"¿Quién está ahí?" preguntó.

"Soy yo, abuela; Caperucita Roja", respondió la niña.

"Empuja la puerta y entra", dijo el lobo.

Caperucita Roja abrió la puerta y entró.

Había muy poca luz en la habitación, porque el lobo había corrido las cortinas de la ventana.

"No puedo levantarme, querida niña", dijo el lobo, todavía con la misma voz débil. "Pon tu canasta sobre la mesa y ven aquí".

Caperucita Roja hizo lo que le dijeron. Dejó la canasta sobre la mesa y se acercó a la cama, pero al acercarse pensó que su abuela se veía muy extraña.

"Oh, abuela, qué ojos tan grandes tienes", dijo.

"Son par verte mejor, querida", respondió el lobo.

"Pero, abuela, qué orejas tan largas tienes".

"¡Son, para escucharte mejor, querida!"

"Pero, abuela, ¡qué dientes blancos y afilados tienes!"

"¡Son para comerte mejor!" aulló el lobo, saltó de la cama y cogió a Caperucita Roja por la capa.

B.06

La niña gritó, pero en ese momento el leñador abrió la puerta de golpe y entró corriendo. El aullido lo había despertado de su sueño, y justo a tiempo.

Le dio al lobo un golpe terrible en la cabeza y éste cayó muerto.

Luego tomó a Caperucita Roja en sus brazos y la consoló, porque estaba llorando incontrolablemente. Estaba asustada y su bonita capa roja se había rasgado.

Le secó los ojos y le prometió que la acompañaría a casa, pero primero, dijo, debían esperar hasta que la abuela llegara a casa.

Cuando por fin llegó, escuchó la historia y vio al lobo tirado en el suelo, no pudo agradecer lo suficiente al leñador. Y de hecho, si no hubiera sido por él, la niña seguramente habría sido comida por el lobo.

A partir de entonces, Caperucita Roja tuvo cuidado de obedecer a su madre y de no holgazanear en el camino cuando la enviaban a hacer recados.

C

Little Red Riding-Hood
- Spanish to English

Little Red Riding-Hood

C.1.01

There was once a little girl whose father and mother amaron her so much that they thought nothing was too good for her. Her mother made pretty little vestidos for her; her medias were of fine hilo, and there were bright hebillas on her zapatos. Her mother además made her a little capa and hood out of red tela, and the little girl looked so pretty in them that people called her Little Red Riding-Hood.

Little Red Riding-Hood had a grandmother who was so vieja that sometimes she was too débil to get up, and had to lie in bed all day.

One day the mother called the little girl and said, "My niña, I have put some frescos huevos, an hogaza of bread and some butter in this basket. Take it and carry it to your grandmother. Go rápidamente, and do not vagar, or stop to hablar to alguien along the way.

"Yes mother," said the little girl, and she took the basket and set out for her grandmother's house.

C.1.02

At first, she ran along rápidamente and didn't stop. However, the fields were full of pretty flowers.

"I am sure," thought Red Riding-Hood "that my grandmother would be contenta to have a ramo of margaritas and ranúnculos." She began to pick one here and another there until she had quite a lot.

A little time later a viejo gris wolf came walking by.

"Good morning, Red Riding-Hood," said the wolf.

"Good morning," answered the niña.

"And where are you going this fine bright day, with your basket on your brazo?"

"Oh, I am going to my grandmother's house. She is so vieja that sometimes she lies in bed and can not get up. I am taking her some frescos huevos, some bread and some butter."

"And where does your grandmother live?"

"She lives beyond the wood in a little blanca house with verdes persianas, and this path goes directo there."

The wolf said goodbye to Red Riding-Hood and trotted away rápidamente.

C.1.03

As soon as he got into the wood, where Red Riding-Hood could not see him he, began to run. On and on he ran, as fast as he could, because he was ansioso to get to the little blanca house before Red Riding-Hood did.

In the profundidades of the wood a leñador was ocupado at his work. He saw the wolf go apresurando by, and he wondered what he was doing.

"He is up to some travesura or other, that is for sure," said the leñador. So he put his hacha on his hombro and siguió after the wolf to see what he was going to do.

On went the wolf, and after a while he came to the borde of the forest, and there stood the little blanca house, and the path dirigió directo up to the door, so the wolf knew that must be where the grandmother lived.

He stopped and looked all around him, because he did not want alguien to mirar him. He saw no one, however, because the leñador was behind some trees.

Then the wolf knocked on the door, knock-knock.

C.1.04

Nobody answered, so he knocked again, knock-knock. Still no one answered, and there was no movimiento in the house.

The wolf pushed the door, it osciló open, and he went inside.

He looked around, and there was nobody there, because the vieja grandmother had been sentiendo stronger that day, so she had vestido and gone out to see a vecino.

The wolf put on the grandmother's bed ropa. He ató on a big gorro and put the grandmother's gafas on his nose, and then he trepó into bed and pulled the sábanas up under his chin.

Little Red Riding-Hood

The leñador wondered what the wolf was doing in the house, but he did not hear a sonido, so he sat down to mirar and see what would happen next, and, because he was very tired, he fell fast asleep.

It was not long before Little Red Riding-Hood came along. She was in a great prisa, for she had gastado a long time gathering flowers. The leñador did not see her, however, as he was fast asleep.

C.1.05

The little girl ran up to the door and knocked upon it, knock-knock.

Then the wolf made his voice very tenue and débil like the grandmother's.

"Who is there?" he asked.

"It is me, grandmother; Little Red Riding-Hood," answered the niña.

"Come in," said the wolf.

Red Riding-Hood pushed the door open, and went in.

There was very little luz in the cuarto, because the wolf had pulled the cortinas across the window.

"I can not get up, querida niña," said the wolf, still in the misma débil voice. "Put your basket on the table and come over here."

Red Riding-Hood did as she was told. She put the basket on the table and came over to the bed, but as she came closer she thought her grandmother looked very extraña.

"Oh, grandmother, what great big ojos you have," she said.

"All the better to see you with, my querida," answered the wolf.

"But, grandmother, what largas, largas orejas you have."

"All the better to hear you with, my querida!"

"But, grandmother, what big sharp blancos dientes you have!"

"All the better to eat you with!" howled the wolf, and he saltó out of bed and atrapó Red Riding-Hood by the capa.

C.1.06

The little girl cried out, but at this momento the leñador estalló open the door and apresuró in. The howl had woken him up desde his sleep, and just in time.

He golpeó the wolf a terrible blow on his cabeza, and it fell down muerto.

Then he took Red Riding-Hood up in his brazos and comforted her. She was frightened and her pretty red capa had been rasgado.

He limpió her ojos, and prometió to caminar home with her, but first, he said, they must wait until the grandmother came home.

When she came at final, and heard the historia and saw the wolf lying there on the suelo, she could not thank the leñador enough. And ciertamente, if it had not been for him, the little girl would definitvamente have been eaten by the wolf.

Desde then on Red Riding-Hood was cuidadosa to obedecer her mother, and not to vagar on the way when she was enviada on mandados.

Little Red Riding-Hood

C.2.01

There was once a little girl whose father and mother amaron her so much that they thought nothing was too good for her. Her mother made pretty little vestidos for her; her medias were of fine thread, and there were bright hebillas on her zapatos. Her mother además made her a little capa and hood out of red cloth, and the little girl looked so pretty in them that people called her Little Red Riding-Hood.

Little Red Riding-Hood had a grandmother who was so vieja that sometimes she was too débil to get up, and had to lie in bed all day.

One day the mother called the little girl and said, "My niña, I have put some frescos huevos, an hogaza of bread and some butter in this basket. Take it and carry it to your grandmother. Run along rápidamente, and do not vagar, or stop to hablar to anyone along the way, because I want you to get back the afternoon is late."

"Yes mother," said the little girl, and she took the basket in her hand and set out for her grandmother's house.

C.2.02

At first, she ran along rápidamente and didn't stop for anything. However, the fields were full of pretty flowers.

"I am sure," thought Red Riding-Hood "that my grandmother would be contenta to have a ramo of margaritas and ranúnculos." She started to pick one here and another there until she had quite a handful.

A little time later she heard feet coming along the path, and a viejo gris wolf came walking by.

"Good morning, Red Riding-Hood," said the wolf.

Little Red Riding-Hood

"Good morning," answered the niña.

"And where are you going this fine bright day, with your basket on your brazo?"

"Oh, I am going to my grandmother's house. She is so vieja that sometimes she lies in bed and cannot get up. I am taking her some frescos huevos, some bread and some butter."

"And where does your grandmother live?"

"She lives beyond the wood in a little blanca house with a thatched roof and verdes persianas, and this path goes directo there."

The wolf had learned all he needed to know. He said goodbye to Red Riding-Hood and trotted away rápidamente.

C.2.03

As soon as he got into the wood, where Red Riding-Hood could not see him he, started to run. On and on he ran, as fast as he could, because he was ansioso to get to the little blanca house with the thatched roof and the verdes persianas before Red Riding-Hood did.

In the profundidades of the wood a woodcutter was ocupado at his work. He saw the wolf go apresurando by, and he wondered what he was doing.

"He's up to some travesura or other, that is for sure," said the woodcutter. So he put his hacha on his hombro and siguió after the wolf to see what he was going to do.

On went the wolf, and after a while he came to the borde of the forest, and there stood the little blanca house with the thatched roof and verdes persianas, and the path dirigió directo up to the door, so the wolf knew that must be where the grandmother lived.

Little Red Riding-Hood

He stopped and looked all around him, because he did not want anyone to mirar him. He saw no one, however, because the woodcutter had hidden behind some trees.

Then the wolf knocked on the door, knock-knock.

C.2.04

Nobody answered, so he knocked again, knock-knock. Still no one answered, and there was no movimiento in the house, though the wolf listened very cuidadosamente.

The wolf pushed the door, it osciló open, and he slipped inside.

He looked around, and there was nobody there, because the vieja grandmother had been sentiendo stronger that day, so she had vestido and gone out to see a vecino.

The wolf cazó around until he found the grandmother's bed ropa; then he put them on over his big hairy body. He ató on a big ruffled cap and put the grandmother's gafas on his nose, and then he trepó into bed and drew the sábanas up under his chin.

Outside, the woodcutter wondered what the wolf was doing in the house, but he did not hear a sonido, so he sat down to mirar and see what would happen next, and, because he was very tired, he fell fast asleep.

It was not long before Little Red Riding-Hood came running along. She was in a great prisa, for she had spent a long time gathering flowers. The woodcutter did not see her, however, as he was fast asleep.

C.2.05

The little girl ran up to the door and knocked upon it, knock-knock.

Then the wolf made his voice very tenue and débil like the grandmother's.

"Who is there?" he asked.

"It is me, grandmother; Little Red Riding-Hood," answered the niña.

"Push the door and come in," said the wolf.

Red Riding-Hood pushed the door open, and went in.

There was very little light in the cuarto, because the wolf had closed the cortinas.

"I cannot get up, querida niña," said the wolf, still in the misma débil voice. "Put your basket on the table and come over here."

Red Riding-Hood did as she was told. She put the basket on the table and came over to the bed, but as she came closer she thought her grandmother looked very extraña.

"Oh, grandmother, what great big ojos you have," she said.

"All the better to see you with, my querida," answered the wolf.

"But, grandmother, what largas, largas orejas you have."

"All the better to hear you with, my querida!"

"But, grandmother, what big sharp blancos dientes you have!"

"All the better to eat you with!" howled the wolf, and he saltó out of bed and atrapó Red Riding-Hood by the capa.

C.2.06

The little girl cried out, but at this momento the woodcutter estalló open the door and apresuró in. The howl had woken him up desde his sleep, and just in time.

He struck the wolf a terrible blow on his cabeza, and it fell down muerto.

Then he took Red Riding-Hood up in his brazos and comforted her, because she was crying uncontrollably. She was frightened and her pretty red capa had been rasgado.

He limpió her ojos, and prometió to caminar home with her, but first, he said, they must wait until the grandmother came home.

When she came at final, and heard the historia and saw the wolf lying there on the suelo, she could not thank the woodcutter enough. And ciertamente, if it had not been for him, the little girl would definitvamente have been eaten by the wolf.

Desde then on Red Riding-Hood was cuidadosa to obedecer her mother, and not to vagar on the way when she was enviada on mandados.

Little Red Riding-Hood

C.3.01

There was once a little girl whose father and mother loved her so much that they thought nothing was too good for her. Her mother made pretty little vestidos for her; her medias were of fine thread, and there were bright hebillas on her zapatos. Her mother además made her a little capa and hood out of red cloth, and the little girl looked so pretty in them that people called her Little Red Riding-Hood.

Little Red Riding-Hood

Little Red Riding-Hood had a grandmother who was so old that sometimes she was too débil to get up, and had to lie in bed all day.

One day the mother called the little girl and said, "My niña, I have put some frescos huevos, an hogaza of bread and some butter in this basket. Take it and carry it to your grandmother. Run along rápidamente, and do not vagar, or stop to hablar to anyone along the way, because I want you to get back before the afternoon is late."

"Yes mother," said the little girl, and she took the basket in her hand and set out for her grandmother's house.

C.3.02

At first, she ran along rápidamente and didn't stop for anything. However, the fields were full of pretty flowers.

"I am sure," thought Red Riding-Hood "that my grandmother would be glad to have a bunch of margaritas and ranúnculos." She started to pick one here and another there until she had quite a handful.

A little time later she heard feet padding along the path, and an old gris wolf came walking by.

"Good morning, Red Riding-Hood," said the wolf.

"Good morning," answered the niña.

"And where are you going this fine bright day, with your basket on your arm?"

"Oh, I am going to my grandmother's house. She is so old that sometimes she lies in bed and cannot get up. I am taking her some frescos huevos, some bread and some butter."

"And where does your grandmother live?"

"She lives beyond the wood in a little blanca house with a thatched roof and verdes persianas, and this path goes directo there."

The wolf had learned all he needed to know. He said goodbye to Red Riding-Hood and trotted away rápidamente.

C.3.03

As soon as he got into the wood, where Red Riding-Hood could not see him he, started to run. On and on he ran, as fast as he could, because he was anxious to get to the little blanca house with the thatched roof and the verdes persianas before Red Riding-Hood did.

In the depths of the wood a woodcutter was busy at his work. He saw the wolf go hurrying by, and he wondered what he was doing.

"He's up to some mischief or other, that is for sure," said the woodcutter. So he put his hacha on his shoulder and siguió after the wolf to see what he was going to do.

On went the wolf, and after a while he came to the edge of the forest, and there stood the little blanca house with the thatched roof and verdes persianas, and the path dirigió directo up to the door, so the wolf knew that must be where the grandmother lived.

He stopped and looked all around him, because he did not want anyone to mirar him. He saw no one, however, because the woodcutter had hidden behind some trees.

Then the wolf knocked on the door, knock-knock.

Little Red Riding-Hood

C.3.04

Nobody answered, so he knocked again, knock-knock. Still no one answered, and there was no movement in the house, though the wolf listened very cuidadosamente.

The wolf pushed the door, it osciló open, and he slipped inside.

He looked around, and there was nobody there, because the old grandmother had been feeling stronger that day, so she had vestido and gone out to see a neighbour.

The wolf cazó around until he found the grandmother's bed ropa; then he put them on over his big hairy body. He ató on a big ruffled cap and put the grandmother's gafas on his nose, and then he trepó into bed and drew the sheets up under his chin.

Outside, the woodcutter wondered what the wolf was doing in the house, but he did not hear a sonido, so he sat down to mirar and see what would happen next, and, because he was very tired, he fell fast asleep.

It was not long before Little Red Riding-Hood came running along. She was in a great hurry, for she had spent a long time gathering flowers. The woodcutter did not see her, however, as he was fast asleep.

C.3.05

The little girl ran up to the door and knocked upon it, knock-knock.

Then the wolf made his voice very faint and débil like the grandmother's.

"Who is there?" he asked.

"It is me, grandmother; Little Red Riding-Hood," answered the niña.

"Push the door and come in," said the wolf.

Little Red Riding-Hood

Red Riding-Hood pushed the door open, and went in.

There was very little light in the cuarto, because the wolf had pulled the cortinas across the window.

"I cannot get up, dear niña," said the wolf, still in the misma débil voice. "Put your basket on the table and come over here."

Red Riding-Hood did as she was told. She put the basket on the table and came over to the bed, but as she came closer she thought her grandmother looked very extraña.

"Oh, grandmother, what great big ojos you have," she said.

"All the better to see you with, my dear," answered the wolf.

"But, grandmother, what long, long orejas you have."

"All the better to hear you with, my dear!"

"But, grandmother, what big sharp blancos dientes you have!"

"All the better to eat you with!" howled the wolf, and he sprang out of bed and atrapó Red Riding-Hood by the capa.

C.3.06

The little girl cried out, but at this momento the woodcutter burst open the door and rushed in. The howl had woken him up desde his sleep, and just in time.

He struck the wolf a terrible blow on his cabeza, and it fell down muerto.

Then he took Red Riding-Hood up in his arms and comforted her, because she was crying uncontrollably. She was frightened and her pretty red capa had been torn.

He wiped her ojos, and prometió to walk home with her, but first, he said, they must wait until the grandmother came home.

When she came at final, and heard the story and saw the wolf lying there on the floor, she could not thank the woodcutter enough. And ciertamente, if it had not been for him, the little girl would certainly have been eaten by the wolf.

Desde then on Red Riding-Hood was cuidadosa to obey her mother, and not to vagar on the way when she was enviada on errands.

Little Red Riding-Hood

C.4.01

There was once a little girl whose father and mother loved her so much that they thought nothing was too good for her. Her mother made pretty little vestidos for her; her stockings were of fine thread, and there were bright buckles on her shoes. Her mother also made her a little cloak and hood out of red cloth, and the little girl looked so pretty in them that people called her Little Red Riding-Hood.

Little Red Riding-Hood had a grandmother who was so old that sometimes she was too débil to get up, and had to lie in bed all day.

One day the mother called the little girl and said, "My niña, I have put some fresh eggs, a loaf of bread and some butter in this basket. Take it and carry it to your grandmother. Run along rápidamente, and do not vagar, or stop to talk to anyone along the way, because I want you to get back before the afternoon is late."

"Yes mother," said the little girl, and she took the basket in her hand and set out for her grandmother's house.

Little Red Riding-Hood

C.4.02

At first, she ran along rápidamente and didn't stop for anything. However, the fields were full of pretty flowers.

"I am sure," thought Red Riding-Hood "that my grandmother would be glad to have a bunch of daisies and buttercups." She started to pick one here and another there until she had quite a handful.

A little time later she heard feet padding along the path, and an old gris wolf came walking by.

"Good morning, Red Riding-Hood," said the wolf.

"Good morning," answered the niña.

"And where are you going this fine bright day, with your basket on your arm?"

"Oh, I am going to my grandmother's house. She is so old that sometimes she lies in bed and cannot get up. I am taking her some fresh eggs, some bread and some butter."

"And where does your grandmother live?"

"She lives beyond the wood in a little blanca house with a thatched roof and verdes blinds, and this path goes directo there."

The wolf had learned all he needed to know. He said goodbye to Red Riding-Hood and trotted away rápidamente.

C.4.03

As soon as he got into the wood, where Red Riding-Hood could not see him he, started to run. On and on he ran, as fast as he could, because he was anxious to get to the little blanca house with the thatched roof and the verdes blinds before Red Riding-Hood did.

Little Red Riding-Hood

In the depths of the wood a woodcutter was busy at his work. He saw the wolf go hurrying by, and he wondered what he was doing.

"He's up to some mischief or other, that is for sure," said the woodcutter. So he put his hacha on his shoulder and followed after the wolf to see what he was going to do.

On went the wolf, and after a while he came to the edge of the forest, and there stood the little blanca house with the thatched roof and verdes blinds, and the path led directo up to the door, so the wolf knew that must be where the grandmother lived.

He stopped and looked all around him, because he did not want anyone to mirar him. He saw no one, however, because the woodcutter had hidden behind some trees.

Then the wolf knocked on the door, knock-knock.

C.4.04

Nobody answered, so he knocked again, knock-knock. Still no one answered, and there was no movement in the house, though the wolf listened very carefully.

The wolf pushed the door, it swung open, and he slipped inside.

He looked around, and there was nobody there, because the old grandmother had been feeling stronger that day, so she had vestido and gone out to see a neighbour.

The wolf hunted around until he found the grandmother's bed ropa; then he put them on over his big hairy body. He tied on a big ruffled cap and put the grandmother's spectacles on his nose, and then he crawled into bed and drew the sheets up under his chin.

Little Red Riding-Hood

Outside, the woodcutter wondered what the wolf was doing in the house, but he did not hear a sonido, so he sat down to mirar and see what would happen next, and, because he was very tired, he fell fast asleep.

It was not long before Little Red Riding-Hood came running along. She was in a great hurry, for she had spent a long time gathering flowers. The woodcutter did not see her, however, as he was fast asleep.

C.4.05

The little girl ran up to the door and knocked upon it, knock-knock.

Then the wolf made his voice very faint and débil like the grandmother's.

"Who is there?" he asked.

"It is me, grandmother; Little Red Riding-Hood," answered the niña.

"Push the door and come in," said the wolf.

Red Riding-Hood pushed the door open, and went in.

There was very little light in the cuarto, because the wolf had pulled the curtains across the window.

"I cannot get up, dear niña," said the wolf, still in the same débil voice. "Put your basket on the table and come over here."

Red Riding-Hood did as she was told. She put the basket on the table and came over to the bed, but as she came closer she thought her grandmother looked very stange.

"Oh, grandmother, what great big ojos you have," she said.

"All the better to see you with, my dear," answered the wolf.

Little Red Riding-Hood

"But, grandmother, what long, long ears you have."

"All the better to hear you with, my dear!"

"But, grandmother, what big sharp blancos teeth you have!"

"All the better to eat you with!" howled the wolf, and he sprang out of bed and caught Red Riding-Hood by the cloak.

C.4.06

The little girl cried out, but at this momento the woodcutter burst open the door and rushed in. The howl had woken him up desde his sleep, and just in time.

He struck the wolf a terrible blow on his cabeza, and it fell down muerto.

Then he took Red Riding-Hood up in his arms and comforted her, because she was crying uncontrollably. She was frightened and her pretty red cloak had been torn.

He wiped her ojos, and promised to walk home with her, but first, he said, they must wait until the grandmother came home.

When she came at final, and heard the story and saw the wolf lying there on the floor, she could not thank the woodcutter enough. And ciertamente, if it had not been for him, the little girl would certainly have been eaten by the wolf.

Desde then on Red Riding-Hood was careful to obey her mother, and not to loiter on the way when she was enviada on errands.

Little Red Riding-Hood

C.5.01

There was once a little girl whose father and mother loved her so much that they thought nothing was too good for her. Her mother made pretty little dresses for her; her stockings were of fine thread, and there were bright buckles on her shoes. Her mother also made her a little cloak and hood out of red cloth, and the little girl looked so pretty in them that people called her Little Red Riding-Hood.

Little Red Riding-Hood had a grandmother who was so old that sometimes she was too weak to get up, and had to lie in bed all day.

One day the mother called the little girl and said, "My child, I have put some fresh eggs, a loaf of bread and some butter in this basket. Take it and carry it to your grandmother. Run along quickly, and do not loiter, or stop to talk to anyone along the way, because I want you to get back before the afternoon is late."

"Yes mother," said the little girl, and she took the basket in her hand and set out for her grandmother's house.

C.5.02

At first, she ran along quickly and didn't stop for anything. However, the fields were full of pretty flowers.

"I am sure," thought Red Riding-Hood "that my grandmother would be glad to have a bunch of daisies and buttercups." She started to pick one here and another there until she had quite a handful.

A little time later she heard feet padding along the path, and an old grey wolf came walking by.

"Good morning, Red Riding-Hood," said the wolf.

"Good morning," answered the child.

"And where are you going this fine bright day, with your basket on your arm?"

"Oh, I am going to my grandmother's house. She is so old that sometimes she lies in bed and cannot get up. I am taking her some fresh eggs, some bread and some butter."

"And where does your grandmother live?"

"She lives beyond the wood in a little white house with a thatched roof and green blinds, and this path goes straight there."

The wolf had learned all he needed to know. He said goodbye to Red Riding-Hood and trotted away quickly.

C.5.03

As soon as he got into the wood, where Red Riding-Hood could not see him he, started to run. On and on he ran, as fast as he could, because he was anxious to get to the little white house with the thatched roof and the green blinds before Red Riding-Hood did.

In the depths of the wood a woodcutter was busy at his work. He saw the wolf go hurrying by, and he wondered what he was doing.

"He's up to some mischief or other, that is for sure," said the woodcutter. So he put his axe on his shoulder and followed after the wolf to see what he was going to do.

On went the wolf, and after a while he came to the edge of the forest, and there stood the little white house with the thatched roof and green blinds, and the path led straight up to the door, so the wolf knew that must be where the grandmother lived.

He stopped and looked all around him, because he did not want anyone to watch him. He saw no one, however, because the woodcutter had hidden behind some trees.

Then the wolf knocked on the door, knock-knock.

C.5.04

Nobody answered, so he knocked again, knock-knock. Still no one answered, and there was no movement in the house, though the wolf listened very carefully.

The wolf pushed the door, it swung open, and he slipped inside.

He looked around, and there was nobody there, because the old grandmother had been feeling stronger that day, so she had dressed and gone out to see a neighbour.

The wolf hunted around until he found the grandmother's bed clothes; then he put them on over his big hairy body. He tied on a big ruffled cap and put the grandmother's spectacles on his nose, and then he crawled into bed and drew the sheets up under his chin.

Outside, the woodcutter wondered what the wolf was doing in the house, but he did not hear a sound, so he sat down to watch and see what would happen next, and, because he was very tired, he fell fast asleep.

It was not long before Little Red Riding-Hood came running along. She was in a great hurry, for she had spent a long time gathering flowers. The woodcutter did not see her, however, as he was fast asleep.

C.5.05

The little girl ran up to the door and knocked upon it, knock-knock.

Then the wolf made his voice very faint and weak like the

grandmother's.

"Who is there?" he asked.

"It is me, grandmother; Little Red Riding-Hood," answered the child.

"Push the door and come in," said the wolf.

Red Riding-Hood pushed the door open, and went in.

There was very little light in the room, because the wolf had pulled the curtains across the window.

"I cannot get up, dear child," said the wolf, still in the same weak voice. "Put your basket on the table and come over here."

Red Riding-Hood did as she was told. She put the basket on the table and came over to the bed, but as she came closer she thought her grandmother looked very strange.

"Oh, grandmother, what great big eyes you have," she said.

"All the better to see you with, my dear," answered the wolf.

"But, grandmother, what long, long ears you have."

"All the better to hear you with, my dear!"

"But, grandmother, what big sharp white teeth you have!"

"All the better to eat you with!" howled the wolf, and he sprang out of bed and caught Red Riding-Hood by the cloak.

C.5.06

The little girl cried out, but at this moment the woodcutter burst open the door and rushed in. The howl had woken him up from his sleep, and just in time.

He struck the wolf a terrible blow on his head, and it fell down dead.

Little Red Riding-Hood

Then he took Red Riding-Hood up in his arms and comforted her, because she was crying uncontrollably. She was frightened and her pretty red cloak had been torn.

He wiped her eyes, and promised to walk home with her, but first, he said, they must wait until the grandmother came home.

When she came at last, and heard the story and saw the wolf lying there on the floor, she could not thank the woodcutter enough. And indeed, if it had not been for him, the little girl would certainly have been eaten by the wolf.

From then on Red Riding-Hood was careful to obey her mother, and not to loiter on the path when she was sent on errands.

D
Notas finales

Una vez que hayas leído el nivel C.5 y lo hayas entendido de manera general, debes pasar al libro 4, *Beauty and the Beast*.

No es necesario que estudies el nivel C.5 de *Little Red Riding Hood* en detalle en este momento.

La siguiente sección es Un poco de gramática. Este apartado no es imprescindible. Si no te gusta estudiar gramática, ignora la sección E y continúa con el libro 4.

E
Un poco de gramática
– Verbos auxiliares

Los verbos auxiliares son verbos secundarios que proporcionan funciones gramaticales secundarias como tiempos verbales o condicionalidad. En inglés y en castellano estos verbos aparecen antes del verbo principal y a menudo tienen significados diferentes al estándar cuando se usan como verbos auxiliares.

E.1 Tiempos futuros

Tanto el castellano como el inglés tienen dos construcciones para mostrar el futuro.

Para cosas que son en un futuro próximo, que ya están planeadas o que es casi seguro que sucederán, el castellano y el inglés usan construcciones muy similares con los verbos «*to go*» en inglés e «ir a» en castellano.

Victoria is going to drink – Victoria va a beber.

La otra forma principal del tiempo futuro en inglés utiliza el verbo auxiliar «*will*», que casi siempre se contrae como «*-'ll*».

La forma inglesa «*will*» se usa para cosas que están en un futuro más lejano o que son muy probables.

Este uso futuro en inglés normalmente se traduce al castellano con el tiempo futuro indicativo.

Victoria will get that job – Victoria conseguirá ese trabajo;

If Victoria eats that she will be ill – Si Victoria come eso, se enfermará.

Ten en cuenta que la contracción negativa de «*will*» es el irregular «*won't*»:

Victoria won't get that job – *Victoria will not get that job* – Victoria no conseguirá ese trabajo.

En inglés, todos los tiempos futuros más complejos se pueden derivar usando «*going to*» o «*will*» más la forma presente o pasada relevante y esto es muy similar en castellano.

Victoria is going to be drinking – Victoria va a estar bebiendo;

Victoria will be drinking – Victoria estará bebiendo.

E.2 Tiempos complejos

Para la mayoria de los tiempos complejos, el inglés usa el verbo «*to be*» como auxiliar, de la misma manera que el castellano usa «estar». El inglés también usa el verbo «*to have*» como auxiliar a igual que el castellano usa «haber».

Ten en cuenta que en inglés el verbo «*to be*» significa «ser» y también «estar», y el verbo «*to have*» puede traducirse como «tener» o «haber» dependiendo del contexto.

Victoria was eating – Victoria estaba comiendo;

David and Victoria were going to eat – David y Victoria iban a comer;

we were thinking about eating – estábamos pensando en comer;

Victoria has been eating – Victoria ha estado comiendo;

David had eaten three desserts – David había comido tres postres;

David will have had three desserts – David habrá comido tres postres.

E.3 «*To do*» – Preguntas y negación

La mayoría de los verbos auxiliares en inglés tienen significados no auxiliares, similar a los verbos auxiliares en castellano.

Ya hemos visto que el verbo «*to be*» tiene usos auxiliares similares a «estar/ser», que el verbo «*to have*» puede traducirse como «haber/tener» y que «*to go*» forma un futuro como «ir a».

Una excepción a esto son los verbos «*to do*» y «hacer».

El verbo normal «*to do*» se traducen como «hacer»:

Victoria does some work – Victoria hace algo de trabajo.

Pero, cuando se usan como auxiliares, «*to do*» y «hacer» significan cosas diferentes en inglés y en castellano.

Además, el uso de «*to do*» como auxiliar en inglés es inusual y puede resultar confuso.

E.3.1 «Hacer»

En castellano se utiliza «hacer» como auxiliar para mostrar que alguien fue obligado a hacer algo. Esto se conoce como causativo.

En inglés esto se traduce con el verbo «*to make*».

«*To make*» puede traducirse como «hacer», pero en realidad se acerca más a «fabricar» en castellano.

De modo que, su uso normal sería algo como:

Victoria made a chair – Victoria fabricó una silla / Victoria hizo una silla.

Pero para mostrar compulsión el castellano y el inglés utilizan diferentes verbos auxiliares:

Victoria's mother made Victoria do her homework – La madre de Victoria hizo que Victoria hiciera sus deberes.

E.3.2 «*To do*»

La mayoría de las veces el verbo «*to do*» como auxiliar no se traduce como «hacer».

Normalmente, el auxiliar «*to do*» en inglés es un verbo «vacío» que no significa nada y no necesita traducirse al castellano.

Esto sucede en dos situaciones muy importantes: preguntas y negaciones.

E.3.3 Preguntas

Como muchos otros idiomas, el castellano frequentemente tiene una forma muy sencilla para hacer preguntas de sí o no.

En castellano, la estructura de una pregunta puede ser exactamente la misma que la de una oración declarativa, pero se pronuncia con un tono de voz diferente.

Por lo tanto, el declarativo es idéntico en inglés y en castellano:

Victoria is at home – Victoria está en casa.

Si en inglés se usa el verbo «*to be*» u otro verbo auxiliar, entonces la pregunta en inglés casi siempre se forma invirtiendo el verbo y el sujeto.

is Victoria at home? – ¿Victoria está en casa?

can Victoria go home? – ¿puede Victoria irse a casa?

should Victoria go home? – ¿debe Victoria irse a casa?

has Victoria gone home? – ¿Victoria se ha ido a casa?

Con un verbo normal, uno no auxiliar, en inglés debe insertarse el verbo «to do» como un auxiliar «vacío» para formar una pregunta. Compara las siguientes frases:

Victoria drinks beer – Victoria bebe cerveza;

does Victoria drink beer? – ¿Victoria bebe cerveza?

Victoria went home – Victoria se fue a casa;

did Victoria go home? – ¿Victoria se fue a casa?

Una forma de pensar en «*do/does/did*» en las preguntas es que es equivalente a «¿es qué?», por ejemplo:

did Victoria go home? – ¿es qué Victoria se fué a casa?

E.3.4 Negación

La otra forma en la que se utiliza «hacer» como auxiliar «vacío» es con la negación; la creación de una forma negativa.

En castellano la negación es muy sencilla:

Victoria bebe cerveza – Victoria no bebe cerveza;

Victoria se fue a casa – Victoria no se fue a casa.

La negación en inglés es más complicada en dos sentidos.

En primer lugar, el inglés tiene dos palabras negativas; «*no*» y «*not*».

En segundo lugar, el inglés utiliza el verbo «*to do*» vacío para formar las negaciones.

E.3.4.1 «*No*» y «*Not*»

En inglés la palabra normal para la negación es «*not*». La palabra «*no*» se utiliza en circunstancias excepcionales.

Si no estás seguro de si debes utilizar «*no*» o «*not*», normalmente deberías utilizar «*not*».

Una guía aproximada para el uso de «*no/not*» es si puedes usar «*a lot (of)*» / «mucho/a(s)» en la oración o «*very*» / «muy» en lugar de la palabra negativa.

Si puedes usar «mucho/a/(s)», entonces la palabra negativa correcta normalmente es «*no*».

Sin embargo, si puedes usar «muy», entonces la palabra negativa correcta suele ser «*not*».

E.3.4.2 Usos de «*No*»

are you drinking? – ¿estás bebiendo?

no – no

are you drinking? – ¿estás bebiendo?

mucho / ~~muy~~;

Victoria has no money – Victoria no tiene dinero;

Victoria tiene mucho / ~~muy~~ dinero;

there are no drinks – no hay bebidas;

hay muchas / ~~muy~~ bebidas;

no smoking! – ¡No Fumar!

fumar mucho / ~~muy~~.

E.3.4.3 Usos de «*Not*»

La palabra «*not*» se utiliza en casi todas las demás situaciones.

Ten en cuenta que «*not*» muy a menudo se contrae como «*-n't*».

Victoria is not tall / Victoria isn't tall – Victoria no es alta;

Victoria es ~~mucha~~ / muy alta;

Victoria is not good / Victoria isn't good – Victoria no es buena;

Victoria es ~~mucha~~ / muy buena;

not surprisingly, it was dark when we left – no sorprendentemente, estaba oscuro cuando nos fuimos;

~~mucho~~ / muy sorprendentemente;

not enough – no es suficiente / no suficiente;

~~mucho~~ / muy suficiente;

Una excepción a la prueba «mucho/muy»:

A: *who went to the meeting?* B: *not the students* – A: ¿quién fue a la reunión? B: no los estudiantes.

O:

A: *who went to the meeting?* B: *no students* – A: ¿quién fue a la reunión? B: ningún estudiante.

Pero no:

A: *who went to the meeting?* B: *no the students*.

E.3.4.4 Negación – «*To do*»

El uso del verbo «hacer» en oraciones negativas es muy similar a la forma en que se usa en las preguntas.

Cuando una oración es negativa y hay un verbo auxiliar, se usa la palabra «*not*», casi siempre abreviada como «*-n't*».

Victoria isn't at home – Victoria is not at home – Victoria no esta en casa;

Victoria shouldn't go home – Victoria should not go home – Victoria no debería irse a casa.

Pero cuando hay sólo un verbo simple, sin auxiliar, entonces se debe usar el auxiliar «vacío» «*to do*».

Victoria doesn't drink beer – Victoria does not drink beer – Victoria no bebe cerveza;

David didn't go home – David did not go home – David no se fue a casa;

Victoria doesn't drink beer – Victoria does not drink beer – Victoria no bebe cerveza;

David didn't go home – David did not go home – David no se fue a casa.

E.3.5 Otros auxiliares

Al igual que el castellano, el inglés tiene una amplia gama de verbos auxiliares que pueden tener múltiples significados y usos. En muchos casos los usos del castellano y del inglés son similares, pero también hay muchas diferencias.

En muchos casos, el castellano utiliza el tiempo subjuntivo mientras que el inglés utiliza verbos auxiliares.

Si bien en el inglés existe un subjuntivo, se usa muy raramente y su uso está disminuyendo. En casi todos los casos un subjuntivo castellano se debe traducir con un verbo auxiliar en inglés.

Además, el castellano también usa el tiempo futuro y el condicional mientras que el inglés usa verbos auxiliares; consulta E.1 arriba para repasar los tiempos futuros; el condicional se analiza en E.3.5.2 a continuación.

Los siguientes auxiliares: «*will, shall, should, can, might, may, must, make, let*» operan de manera diferente a otros verbos.

Cuando se usan estos verbos, sólo puede usarse la raíz del verbo principal que sigue, nunca van seguidos del infinitivo.

Victoria can drink – Victoria puede beber;

No: *Victoria can to drink*.

Además, los siguientes auxiliares: «*will, shall, should, can, might, may, must, ought*» sólo se pueden usar con un verbo principal, ya que no se usan de manera independiente. Además, estos verbos no cambian para la tercera persona del singular y no tienen infinitivos, participios ni gerundios.

Victoria cans drink – *Victoria can drink* – Victoria puede beber;

Victoria would like to can drink – *Victoria would like to be able to drink* – A Victoria le gustaría poder beber.

E.3.5.1 «*Will*»

El auxiliar inglés «*will*» se analizó anteriormente en tiempo futuro en la sección E.1.

E.3.5.2 «*Would*»

El auxiliar «*would*» se utiliza normalmente para mostrar condicionalidad y normalmente se traduce con el tiempo condicional en castellano.

Victoria would drink – Victoria bebería;

Victoria would go – Victoria iría.

E.3.5.3 «*Shall*»

El auxiliar «*shall*» se usa ocasionalmente como futuro de la misma manera que «*will*», aunque ahora este sólo se ve en libros más antiguos.

Victoria shall drink – Victoria beberá.

«*Shall*» también puede mostrar énfasis, una intención muy fuerte o una obligación fuerte.

I shall drink (even if they tell me not to) – beberé (aunque me digan que no);

we shall overcome! – ¡venceremos!

E.3.5.4 «*Should*»

«*Should*» es el verbo que normalmente se utiliza para expresar obligación y generalmente se traduce al castellano como «deber».

Victoria should work longer hours – Victoria debería trabajar más horas;

David should play with his children more often – David debería jugar con sus hijos más a menudo.

«Should» también se puede utilizar para dar una opinión o hacer una sugerencia.

Victoria should drink less – Victoria debería beber menos;

now, what should we do? – ahora, ¿qué debemos hacer?

E.3.5.5 *«Can»*

El auxiliar *«can»* se usa para expresar habilidad y generalmente se traduce como «poder».

Victoria can drive – Victoria puede conducir.

«Can» también se usa para expresar posibilidad.

Victoria can go tomorrow – Victoria puede irse mañana.

«Can» además se utiliza para pedir o dar permiso.

can I drink here? – ¿se puede beber aquí?

you can't drink here – no se puede beber aquí.

E.3.5.6 *«Could»*

«Could» se usa como el pasado de *«can»* para mostrar capacidad o permiso en tiempo pasado, y normalmente se traduce con el pasado de «poder».

Victoria could drink – Victoria podría beber.

«Podría» también se utiliza normalmente para solicitudes.

could you give me a drink please? – ¿puede usted darme una bebida por favor?

E.3.5.7 «*May*» y «*Might*»

Tanto «*may*» como «*might*» se usan comúnmente para expresar posibilidad y ambos normalmente se traducen al castellano como «poder».

Victoria may be ill – Victoria puede estar enferma;

Victoria might have been ill – Victoria podría haber estado enferma.

E.3.5.8 «*Let*»

Como verbo auxiliar, «*let*» indica permiso para hacer algo y normalmente se traduce al castellano como «dejar» o «permitir».

Victoria let me sit down – Victoria déjame sentarme.

E.3.5.9 «Become» y «Get»

Los verbos «*become*» y «*get*» se utilizan habitualmente para mostrar cambios de estado. Sin embargo, «*get*» también tiene muchos otros significados.

E.3.5.9.1 «*Become*»

La palabra «*become*» se utiliza para indicar un cambio de estado y es bastante formal.

Victoria became ill – Victoria se enfermó;

Victoria will become rich – Victoria se hará rica.

«*Become*» debe usarse con sustantivos, mientras que «*get*» no puede usarse con sustantivos.

Victoria became a teacher – Victoria se convirtió en maestra.

E.3.5.9.2 «*Get / Got*»

El verbo «*get*» es uno de los más comunes en inglés y tiene muchos significados diferentes y confusos. Normalmente «*got*» es el tiempo pasado de «*get*», pero «*got*» puede tener otros significados.

Como verbo estándar, «*get*» generalmente significa «obtener», «adquirir» o «recibir».

Victoria got a new car – Victoria adquirió un coche nuevo;

Victoria will get a new job – Victoria conseguirá un nuevo trabajo;

please get some bread from the shop – Por favor, consigue pan de la tienda;

Victoria got good marks in her exam – Victoria obtuvo buenas notas en su examen.

«*Get*» se usa mucho más comúnmente que «*become*» para mostrar un cambio de estado.

Victoria got ill – Victoria se enfermó;

Victoria will get rich – Victoria se hará rica;

Victoria got angry – Victoria se enfadó.

«*Get*» no se puede utilizar con sustantivos para mostrar un cambio de estado.

~~*Victoria got a teacher*~~ – Victoria recibió una maestra / Alguien le dio a Victoria una maestra.

Esta frase no tiene sentido en inglés para expresar un cambio de estado porque no indica que Victoria se haya convertido en maestra, sino que recibió una maestra, lo cual no es la intención de la frase.

Cuando está implícito un movimiento «*get*» suele significar «llegar».

Victoria got home late – Victoria llegó tarde a casa.

Aunque «*have got*» pareciera una forma del pasado, en realidad se trata de un tiempo presente y casi siempre muestra posesión o propiedad.

Victoria has got three cars – Victoria tiene tres autos.

La plabra «*get*» se puede usar para hacer una construcción causativa, y se usa comúnmente para las instrucciones cotidianas.

Victoria got it done – Victoria lo consiguió / Victoria hizo que sucediera;

get away from me – aléjate de mí.

La forma «*got to*» muestra obligación:

I have got to go – tengo que irme.

Finalmente, «*get*» aparece en muchos verbos compuestos diferentes con significados distintos. Estos se analizan en la sección E del libro 4.

E.3.5.10 «*Need to*»

La frase «*need to*» implica que la acción es positiva para la persona y normalmente se traduciría como «necesitar».

Victoria needs to work less hours (it would be good for her health) – Victoria necesita trabajar menos horas (sería bueno para su salud).

E.3.5.11 «*Have to*»

La construcción auxiliar «*have to*» normalmente implica una obligación externa, o la necesidad de seguir reglas generales. Normalmente se traduce como «tener que».

Victoria has to go to work (if she wants to be paid) – Victoria tiene que ir a trabajar (si quiere que le paguen).

E.3.5.12 «*Must*»

«*Must*» normalmente implica obligación, y normalmente se traduce como «deber».

Victoria's boss said Victoria must work more hours – el jefe de Victoria dijo que Victoria debe trabajar más horas;

I must go home now (Victoria is waiting for me) – debo irme a casa ahora (Victoria me espera).

E.3.5.13 «*Ought to*»

La frase «*ought to*» puede implicar una obligación leve.

Victoria ought to be more careful – Victoria debería ser más cuidadosa.

F
Palabras - Ordenado por sección

C.1.01	basket	cesta
	bread	pan
	grandmother	abuela
	grandmother's	grandmother-[su], grandmother is/has - de la abuela (posesivo), abuela es/está/había
	hood	capucha
	lie	mente, se extende
	red	rojo
	riding-hood	capucha (-de montar (de caballo)), caperucita
	set	colleccion, fijo - "to set out": 'ir en camino', 'colocar'.
	sometimes	algunas veces
C.1.02	am	soy, estoy
	does	hace
	going	yendo - también se usa "yo" para el futuro simple de manera similar a 'ir' en Castellano. se usa "go" para cosas que están en el futuro cercano, ya están planeadas o es casi seguro que sucedan. "Victoria is going to drink": 'Victoria va a beber'
	lies	mentiras, se extiende
	lives	vive, vidas
	path	camino, sendero

Little Red Riding-Hood

	pick	pico, "to pick": 'coger, escoger, recolectar' - "to pick up": 'levantar, alzar'.
	taking	tomando, llevando
	walking	caminando
C.1.03	run	corre
	wondered	se preguntado
C.1.04	chin	mentón
	under	debajo, abajo
C.1.05	across	a través de, en frente, cruzando, que cruza
	closer	más cerca
	howled	aullado
C.1.06	comforted	consolado
	sleep	duerme
	terrible	terrible
	thank	agradacer a
	woken	despertado
C.2.01	afternoon	por la tarde
	anyone	alguien, cualquier persona
	cloth	tela
	hand	mano
	late	tarde
	thread	hilo
C.2.02	anything	cualquier cosa, alguna cosa
	cannot	no puedo
	handful	puñado
	needed	necesitado
	padding	relleno, almohadilla, andando lentamente / sin hacer ruido
	thatched	de paja
C.2.03	he's	he is - él es, está
	hidden	oculto, escondido
	woodcutter	leñador
C.2.04	body	cuerpo, persona (nobody, somebody, anybody, etc)
	cap	gorro
	drew	corrido, dibujado

Little Red Riding-Hood

	hairy	peludo
	listened	escuchado
	outside	afuera
	ruffled	con volantes
	running	corriendo
	slipped	deslizado
	spent	gastado
C.2.05	**light**	luz, ilumina, ligero, sin peso
	push	empuja
C.2.06	**crying**	llanto, llorando, gritando
	struck	golpeado
	uncontrollably	sin control, descontroladamente
C.3.01	**loved**	amado
	old	viejo
C.3.02	**arm**	brazo
	bunch	racimo, ramo
	glad	contento
C.3.03	**anxious**	ansioso
	busy	ocupado
	depths	profundidades
	edge	borde
	hurrying	apresurandose, dandose prisa
	mischief	travesura
	shoulder	hombro
C.3.04	**feeling**	sentimiento, sentiendo
	hurry	apresurarse, darse prisa, prisa
	movement	movimiento
	neighbour	vecino
	sheets	sábanas, hojas
C.3.05	**dear**	querido, estimado, aprecido, caro
	faint	tenue, vago, leve, desmayarse
	sprang	saltado
C.3.06	**arms**	brazos
	burst	explotado, estallado
	certainly	definitivamente

	errands	mandados
	floor	suelo
	obey	cumple, obedece
	rushed	se precipitado, apresurado
	story	historia
	torn	rasgado
	wiped	limpiado, borrado
C.4.01	also	además, tambien
	buckles	hebillas
	cloak	capa
	eggs	huevos
	fresh	fresco
	loaf	hogaza
	shoes	zapatos
	stockings	medias
	talk	habla
C.4.02	blinds	persianas
	buttercups	ranúnculos
	daisies	margaritas
C.4.03	followed	seguido
	led	dirigido
C.4.04	carefully	cuidadosamente
	crawled	trepado
	hunted	cazado
	spectacles	gafas
	swung	oscilado
	tied	atado
C.4.05	caught	atrapado
	curtains	cortinas
	ears	orejas
	same	mismo
	teeth	dientes
C.4.06	careful	cuidadoso
	loiter	holgazanea, vaguea
	promised	prometido

Little Red Riding-Hood

C.5.01	**child**	niño, niña
	dresses	vestidos
	quickly	rápidamente
	weak	débil
C.5.02	**green**	verde
	grey	gris
	straight	recto, directo
	white	blanco
C.5.03	**axe**	hacha
	watch	mira, reloj de brazo
C.5.04	**clothes**	ropa
	dressed	vestido
	sound	sonido
C.5.05	**eyes**	ojos
	room	cuarto, habitación, espacio
	strange	extraño
C.5.06	**dead**	muerto
	from	desde, de
	head	cabeza
	indeed	ciertamente, por supuesto
	last	último, final, dura
	moment	momento
	sent	enviado

G

Palabras - Orden Alfabético

across	a través de, en frente, cruzando, que cruza	C.1.05
afternoon	por la tarde	C.2.01
also	además, tambien	C.4.01
am	soy, estoy	C.1.02
anxious	ansioso	C.3.03
anyone	alguien, cualquier persona	C.2.01
anything	cualquier cosa, alguna cosa	C.2.02
arm	brazo	C.3.02
arms	brazos	C.3.06
axe	hacha	C.5.03
basket	cesta	C.1.01
blinds	persianas	C.4.02
body	cuerpo, persona (nobody, somebody, anybody, etc)	C.2.04
bread	pan	C.1.01
buckles	hebillas	C.4.01
bunch	racimo, ramo	C.3.02
burst	explotado, estallado	C.3.06
busy	ocupado	C.3.03
buttercups	ranúnculos	C.4.02
cannot	no puedo	C.2.02
cap	gorro	C.2.04

Little Red Riding-Hood

careful	cuidadoso	C.4.06
carefully	cuidadosamente	C.4.04
caught	atrapado	C.4.05
certainly	definitivamente	C.3.06
child	niño, niña	C.5.01
chin	mentón	C.1.04
cloak	capa	C.4.01
closer	más cerca	C.1.05
cloth	tela	C.2.01
clothes	ropa	C.5.04
comforted	consolado	C.1.06
crawled	trepado	C.4.04
crying	llanto, llorando, gritando	C.2.06
curtains	cortinas	C.4.05
daisies	margaritas	C.4.02
dead	muerto	C.5.06
dear	querido, estimado, aprecido, caro	C.3.05
depths	profundidades	C.3.03
does	hace	C.1.02
dressed	vestido	C.5.04
dresses	vestidos	C.5.01
drew	corrido, dibujado	C.2.04
ears	orejas	C.4.05
edge	borde	C.3.03
eggs	huevos	C.4.01
errands	mandados	C.3.06
eyes	ojos	C.5.05
faint	tenue, vago, leve, desmayarse	C.3.05
feeling	sentimiento, sintiendo	C.3.04
floor	suelo	C.3.06
followed	seguido	C.4.03
fresh	fresco	C.4.01
from	desde, de	C.5.06
glad	contento	C.3.02

Little Red Riding-Hood

going	yendo - también se usa "go" para el futuro simple de manera similar a 'ir' en Castellano. se usa "go" para cosas que están en el futuro cercano, ya están planeadas o es casi seguro que sucedan. "Victoria is going to drink": 'Victoria va a beber'	C.1.02
grandmother	abuela	C.1.01
grandmother's	grandmother-[su], grandmother is/has - de la abuela (posesivo), abuela es/está/había	C.1.01
green	verde	C.5.02
grey	gris	C.5.02
hairy	peludo	C.2.04
hand	mano	C.2.01
handful	puñado	C.2.02
he's	he is - él es, está	C.2.03
head	cabeza	C.5.06
hidden	oculto, escondido	C.2.03
hood	capucha	C.1.01
howled	aullado	C.1.05
hunted	cazado	C.4.04
hurry	apresurarse, darse prisa, prisa	C.3.04
hurrying	apresurandose, dandose prisa	C.3.03
indeed	ciertamente, por supuesto	C.5.06
last	último, last, dura	C.5.06
late	tarde	C.2.01
led	dirigido	C.4.03
lie	mente, se extende	C.1.01
lies	mentiras, se extiende	C.1.02
light	luz, ilumina, ligero, sin peso	C.2.05
listened	escuchado	C.2.04
lives	vive, vidas	C.1.02
loaf	hogaza	C.4.01
loiter	holgazanea, vaguea	C.4.06
loved	amado	C.3.01
mischief	travesura	C.3.03
moment	momento	C.5.06
movement	movimiento	C.3.04

Little Red Riding-Hood

needed	necesitado	C.2.02
neighbour	vecino	C.3.04
obey	cumple, obedece	C.3.06
old	viejo	C.3.01
outside	afuera	C.2.04
padding	relleno, almohadilla, andando lentamente / sin hacer ruido	C.2.02
path	camino, sendero	C.1.02
pick	pico, "to pick": 'coger, escoger, recolectar' - "to pick up": 'levantar, alzar'.	C.1.02
promised	prometido	C.4.06
push	empuja	C.2.05
quickly	rápidamente	C.5.01
red	rojo	C.1.01
riding-hood	capucha (-de montar (de caballo)), caperucita	C.1.01
room	cuarto, habitación, espacio	C.5.05
ruffled	con volantes	C.2.04
run	corre	C.1.03
running	corriendo	C.2.04
rushed	se precipitado, apresurado	C.3.06
same	mismo	C.4.05
sent	enviado	C.5.06
set	colleccion, fijo - "to set out": 'ir en camino', 'colocar'.	C.1.01
sheets	sábanas, hojas	C.3.04
shoes	zapatos	C.4.01
shoulder	hombro	C.3.03
sleep	duerme	C.1.06
slipped	deslizado	C.2.04
sometimes	algunas veces	C.1.01
sound	sonido	C.5.04
spectacles	gafas	C.4.04
spent	gastado	C.2.04
sprang	saltado	C.3.05
stockings	medias	C.4.01
story	historia	C.3.06

straight	recto, directo	C.5.02
strange	extraño	C.5.05
struck	golpeado	C.2.06
swung	oscilado	C.4.04
taking	tomando, llevando	C.1.02
talk	habla	C.4.01
teeth	dientes	C.4.05
terrible	terrible	C.1.06
thank	agradacer a	C.1.06
thatched	de paja	C.2.02
thread	hilo	C.2.01
tied	atado	C.4.04
torn	rasgado	C.3.06
uncontrollably	sin control, descontroladamente	C.2.06
under	debajo, abajo	C.1.04
walking	caminando	C.1.02
watch	mira, reloj de brazo	C.5.03
weak	débil	C.5.01
white	blanco	C.5.02
wiped	limpiado, borrado	C.3.06
woken	despertado	C.1.06
wondered	se preguntado	C.1.03
woodcutter	leñador	C.2.03

www.ingramcontent.com/pod-product-compliance
Lightning Source LLC
Chambersburg PA
CBHW052117070526
44584CB00017B/2523